AGENDA SCOLAIRE 2019-2020

CE PLANIFICATEUR APPARTIENT À:

NOM:

ANNIVERSAIRE:

ADRESSE:

CODE POSTAL:

MOBILE NUMÉRO: EMAIL:

ÉCOLE: CLASSE:

MES CONTACTS

NOM

ADRESSE

EMAIL

HANDY

NOM

ADRESSE

EMAIL

HANDY

NOM

ADRESSE

EMAIL

HANDY

NOM

ADRESSE

EMAIL

HANDY

NOM

ADRESSE

EMAIL

HANDY

NOM

ADRESSE

EMAIL

HANDY

NOM

ADRESSE

EMAIL

HANDY

NOM

ADRESSE

EMAIL

HANDY

NOM		NOM	
ADRESSE		ADRESSE	
EMAIL		EMAIL	
HANDY		HANDY	

NOM		NOM	
ADRESSE		ADRESSE	
EMAIL		EMAIL	
HANDY		HANDY	

NOM		NOM	
ADRESSE		ADRESSE	
EMAIL		EMAIL	
HANDY		HANDY	

NOM		NOM	
ADRESSE		ADRESSE	
EMAIL		EMAIL	
HANDY		HANDY	

MES OBJECTIFS

★ ★ ANNIVERSAIRES ★ ★

NOM	DATE	DATE	NOM

JAN 2019
LU	MA	ME	JE	VE	SA	DI
	1	2	3	4	5	6
7	8	9	10	11	12	13
14	15	16	17	18	19	20
21	22	23	24	25	26	27
28	29	30	31			

FÉV 2019
LU	MA	ME	JE	VE	SA	DI
				1	2	3
4	5	6	7	8	9	10
11	12	13	14	15	16	17
18	19	20	21	22	23	24
25	26	27	28			

MAR 2019
LU	MA	ME	JE	VE	SA	DI
				1	2	3
4	5	6	7	8	9	10
11	12	13	14	15	16	17
18	19	20	21	22	23	24
25	26	27	28	29	30	31

AVR 2019
LU	MA	ME	JE	VE	SA	DI
1	2	3	4	5	6	7
8	9	10	11	12	13	14
15	16	17	18	19	20	21
22	23	24	25	26	27	28
29	30					

MAI 2019
LU	MA	ME	JE	VE	SA	DI
		1	2	3	4	5
6	7	8	9	10	11	12
13	14	15	16	17	18	19
20	21	22	23	24	25	26
27	28	29	30	31		

JUIN 2019
LU	MA	ME	JE	VE	SA	DI
					1	2
3	4	5	6	7	8	9
10	11	12	13	14	15	16
17	18	19	20	21	22	23
24	25	26	27	28	29	30

JUIL 2019
LU	MA	ME	JE	VE	SA	DI
1	2	3	4	5	6	7
8	9	10	11	12	13	14
15	16	17	18	19	20	21
22	23	24	25	26	27	28
29	30	31				

AOÛT 2019
LU	MA	ME	JE	VE	SA	DI
			1	2	3	4
5	6	7	8	9	10	11
12	13	14	15	16	17	18
19	20	21	22	23	24	25
26	27	28	29	30	31	

SEP 2019
LU	MA	ME	JE	VE	SA	DI
						1
2	3	4	5	6	7	8
9	10	11	12	13	14	15
16	17	18	19	20	21	22
23	24	25	26	27	28	29
30						

OCT 2019
LU	MA	ME	JE	VE	SA	DI
	1	2	3	4	5	6
7	8	9	10	11	12	13
14	15	16	17	18	19	20
21	22	23	24	25	26	27
28	29	30	31			

NOV 2019
LU	MA	ME	JE	VE	SA	DI
				1	2	3
4	5	6	7	8	9	10
11	12	13	14	15	16	17
18	19	20	21	22	23	24
25	26	27	28	29	30	

DÉC 2019
LU	MA	ME	JE	VE	SA	DI
						1
2	3	4	5	6	7	8
9	10	11	12	13	14	15
16	17	18	19	20	21	22
23	24	25	26	27	28	29
30	31					

JAN 2020
LU	MA	ME	JE	VE	SA	DI
		1	2	3	4	5
6	7	8	9	10	11	12
13	14	15	16	17	18	19
20	21	22	23	24	25	26
27	28	29	30	31		

FÉV 2020
LU	MA	ME	JE	VE	SA	DI
					1	2
3	4	5	6	7	8	9
10	11	12	13	14	15	16
17	18	19	20	21	22	23
24	25	26	27	28	29	

MAR 2020
LU	MA	ME	JE	VE	SA	DI
						1
2	3	4	5	6	7	8
9	10	11	12	13	14	15
16	17	18	19	20	21	22
23	24	25	26	27	28	29
30	31					

AVR 2020
LU	MA	ME	JE	VE	SA	DI
		1	2	3	4	5
6	7	8	9	10	11	12
13	14	15	16	17	18	19
20	21	22	23	24	25	26
27	28	29	30			

MAI 2020
LU	MA	ME	JE	VE	SA	DI
				1	2	3
4	5	6	7	8	9	10
11	12	13	14	15	16	17
18	19	20	21	22	23	24
25	26	27	28	29	30	31

JUIN 2020
LU	MA	ME	JE	VE	SA	DI
1	2	3	4	5	6	7
8	9	10	11	12	13	14
15	16	17	18	19	20	21
22	23	24	25	26	27	28
29	30					

JUIL 2020
LU	MA	ME	JE	VE	SA	DI
		1	2	3	4	5
6	7	8	9	10	11	12
13	14	15	16	17	18	19
20	21	22	23	24	25	26
27	28	29	30	31		

AOÛT 2020
LU	MA	ME	JE	VE	SA	DI
					1	2
3	4	5	6	7	8	9
10	11	12	13	14	15	16
17	18	19	20	21	22	23
24	25	26	27	28	29	30
31						

SEP 2020
LU	MA	ME	JE	VE	SA	DI
	1	2	3	4	5	6
7	8	9	10	11	12	13
14	15	16	17	18	19	20
21	22	23	24	25	26	27
28	29	30				

OCT 2020
LU	MA	ME	JE	VE	SA	DI
			1	2	3	4
5	6	7	8	9	10	11
12	13	14	15	16	17	18
19	20	21	22	23	24	25
26	27	28	29	30	31	

NOV 2020
LU	MA	ME	JE	VE	SA	DI
						1
2	3	4	5	6	7	8
9	10	11	12	13	14	15
16	17	18	19	20	21	22
23	24	25	26	27	28	29
30						

DÉC 2020
LU	MA	ME	JE	VE	SA	DI
	1	2	3	4	5	6
7	8	9	10	11	12	13
14	15	16	17	18	19	20
21	22	23	24	25	26	27
28	29	30	31			

FÊTES LÉGALES EN FRANCE 2019-2021

	2019	2020	2021
LE JOUR DE L'AN	01.01	01.01	01.01
PÂQUES	22.04	13.04	05.04
FÊTE DU TRAVAIL	01.05	01.05	01.05
LA VICTOIRE DE 1945	08.05	08.05	08.05
L'ASCENSION	30.05	21.05	13.05
PENTECÔTE	10.06	01.06	24.05
FÊTE NATIONALE	14.07	14.07	14.07
L'ASSOMPTION	15.08	15.08	15.08
LA TOUSSAINT	01.11	01.11	01.11
L'ARMISTICE	11.11	11.11	11.11
NOEL	25.12	25.12	25.12

FÊTES LÉGALES EN ALSACES 2019-2021

	2019	2020	2021
VENDREDI SAINT	19.04	10.04	02.04
2E JOUR DE NOEL	26.12	26.12	26.12

VACANCES SCOLAIRES 2019-2020

	ZONE A	ZONE B	ZONE C
RENTRÉE SCOLAIRE 2019	06.07.2019 - 02.09.2019		
VACANCES DE LA TOUSSAINT 2019	19.10.2019 - 04.11.2019		
VACANCES DE NOEL 2019	21.12.2019 - 06.01.2020		
VACANCES D'HIVER 2020	22.02.-09.03	15.02.-02.03	08.02.-24.02
VACANCES DE PRINTEMPS 2020	18.04.-04.05	11.04.-27.04	04.04.-20.04.
PONT DE L'ASCENSION	20.05.2020 - 25.05.2020		
GRANDES VACANCES 2020	04.07.2020 - ...		

ZONE A	Besançon, Bordeaux, Clermont-Ferrand, Dijon, Grenoble, Limoges, Lyon, Poitiers
ZONE B	Aix-Marseille, Amiens, Caen, Lille, Nancy-Metz, Nantes, Nice, Orléans-Tours, Reims, Rennes, Rouen, Strasbourg
ZONE C	Créteil, Montpellier, Paris, Toulouse, Versailles

AOÛT 2019

01	JE		
02	VE		
03	SA		
04	DI		
05	LU		32
06	MA		
07	ME		
08	JE		
09	VE		
10	SA		
11	DI		
12	LU		33
13	MA		
14	ME		
15	JE		
16	VE		
17	SA		
18	DI		
19	LU		34
20	MA		
21	ME		
22	JE		
23	VE		
24	SA		
25	DI		
26	LU		35
27	MA		
28	ME		
29	JE		
30	VE		
31	SA		

SEPTEMBRE

01	DI		
02	LU		36
03	MA		
04	ME		
05	JE		
06	VE		
07	SA		
08	DI		
09	LU		37
10	MA		
11	ME		
12	JE		
13	VE		
14	SA		
15	DI		
16	LU		38
17	MA		
18	ME		
19	JE		
20	VE		
21	SA		
22	DI		
23	LU		39
24	MA		
25	ME		
26	JE		
27	VE		
28	SA		
29	DI		
30	LU		40

01	MA			01	VE		
02	ME			02	SA		
03	JE			03	DI		
04	VE			04	LU		45
05	SA			05	MA		
06	DI			06	ME		
07	LU		41	07	JE		
08	MA			08	VE		
09	ME			09	SA		
10	JE			10	DI		
11	VE			11	LU		46
12	SA			12	MA		
13	DI			13	ME		
14	LU		42	14	JE		
15	MA			15	VE		
16	ME			16	SA		
17	JE			17	DI		
18	VE			18	LU		47
19	SA			19	MA		
20	DI			20	ME		
21	LU		43	21	JE		
22	MA			22	VE		
23	ME			23	SA		
24	JE			24	DI		
25	VE			25	LU		48
26	SA			26	MA		
27	DI			27	ME		
28	LU		44	28	JE		
29	MA			29	VE		
30	ME			30	SA		
31	JE						

DÉCEMBRE

01	DI	
02	LU	49
03	MA	
04	ME	
05	JE	
06	VE	
07	SA	
08	DI	
09	LU	50
10	MA	
11	ME	
12	JE	
13	VE	
14	SA	
15	DI	
16	LU	51
17	MA	
18	ME	
19	JE	
20	VE	
21	SA	
22	DI	
23	LU	52
24	MA	
25	ME	
26	JE	
27	VE	
28	SA	
29	DI	
30	LU	01
31	MA	

JANVIER 2020

01	ME	
02	JE	
03	VE	
04	SA	
05	DI	
06	LU	02
07	MA	
08	ME	
09	JE	
10	VE	
11	SA	
12	DI	
13	LU	03
14	MA	
15	ME	
16	JE	
17	VE	
18	SA	
19	DI	
20	LU	04
21	MA	
22	ME	
23	JE	
24	VE	
25	SA	
26	DI	
27	LU	05
28	MA	
29	ME	
30	JE	
31	VE	

FÉVRIER

01	SA	
02	DI	
03	LU	06
04	MA	
05	ME	
06	JE	
07	VE	
08	SA	
09	DI	
10	LU	07
11	MA	
12	ME	
13	JE	
14	VE	
15	SA	
16	DI	
17	LU	08
18	MA	
19	ME	
20	JE	
21	VE	
22	SA	
23	DI	
24	LU	09
25	MA	
26	ME	
27	JE	
28	VE	
29	SA	

MARS

01	DI	
02	LU	10
03	MA	
04	ME	
05	JE	
06	VE	
07	SA	
08	DI	
09	LU	11
10	MA	
11	ME	
12	JE	
13	VE	
14	SA	
15	DI	
16	LU	12
17	MA	
18	ME	
19	JE	
20	VE	
21	SA	
22	DI	
23	LU	13
24	MA	
25	ME	
26	JE	
27	VE	
28	SA	
29	DI	
30	LU	14
31	MA	

	AVRIL	
01	ME	
02	JE	
03	VE	
04	SA	
05	DI	
06	LU	15
07	MA	
08	ME	
09	JE	
10	VE	
11	SA	
12	DI	
13	LU	16
14	MA	
15	ME	
16	JE	
17	VE	
18	SA	
19	DI	
20	LU	17
21	MA	
22	ME	
23	JE	
24	VE	
25	SA	
26	DI	
27	LU	18
28	MA	
29	ME	
30	JE	

	MAI	
01	VE	
02	SA	
03	DI	
04	LU	19
05	MA	
06	ME	
07	JE	
08	VE	
09	SA	
10	DI	
11	LU	20
12	MA	
13	ME	
14	JE	
15	VE	
16	SA	
17	DI	
18	LU	21
19	MA	
20	ME	
21	JE	
22	VE	
23	SA	
24	DI	
25	LU	22
26	MA	
27	ME	
28	JE	
29	VE	
30	SA	
31	DI	

JUIN

01	LU		23
02	MA		
03	ME		
04	JE		
05	VE		
06	SA		
07	DI		
08	LU		24
09	MA		
10	ME		
11	JE		
12	VE		
13	SA		
14	DI		
15	LU		25
16	MA		
17	ME		
18	JE		
19	VE		
20	SA		
21	DI		
22	LU		26
23	MA		
24	ME		
25	JE		
26	VE		
27	SA		
28	DI		
29	LU		27
30	MA		

JUILLET

01	ME		
02	JE		
03	VE		
04	SA		
05	DI		
06	LU		28
07	MA		
08	ME		
09	JE		
10	VE		
11	SA		
12	DI		
13	LU		29
14	MA		
15	ME		
16	JE		
17	VE		
18	SA		
19	DI		
20	LU		30
21	MA		
22	ME		
23	JE		
24	VE		
25	SA		
26	DI		
27	LU		31
28	MA		
29	ME		
30	JE		
31	VE		

AOÛT

01	SA	
02	DI	
03	LU	32
04	MA	
05	ME	
06	JE	
07	VE	
08	SA	
09	DI	
10	LU	33
11	MA	
12	ME	
13	JE	
14	VE	
15	SA	
16	DI	
17	LU	34
18	MA	
19	ME	
20	JE	
21	VE	
22	SA	
23	DI	
24	LU	35
25	MA	
26	ME	
27	JE	
28	VE	
29	SA	
30	DI	
31	LU	36

NOTES

EMPLOI DU TEMPS

ZEIT	LUNDI	MARDI	MERCREDI

JEUDI	VENDREDI	SAMEDI	DIMANCHE

EMPLOI DU TEMPS

ZEIT	LUNDI	MARDI	MERCREDI

JUIL 2019

LU	MA	ME	JE	VE	SA	DI
1	2	3	4	5	6	7
8	9	10	11	12	13	14
15	16	17	18	19	20	21
22	23	24	25	26	27	28
29	30	31				

EXAMENS

_____

_____

_____

_____

_____

_____

_____

_____

_____

DATES IMPORTANTES

_____

_____

_____

_____

_____

_____

_____

SEPT 2019

LU	MA	ME	JE	VE	SA	DI
						1
2	3	4	5	6	7	8
9	10	11	12	13	14	15
16	17	18	19	20	21	22
23	24	25	26	27	28	29
30						

AOÛT

LUNDI	MARDI	MERCREDI
29	30	31
5	6	7
12	13	14
19	20	21
26	27	28

2019

JEUDI	VENDREDI	SAMEDI	DIMANCHE
1	2	3	4
8	9	10	11
15	16	17	18
22	23	24	25
29	30	31	1

SEMAINE 31

LUNDI

29

JUILLET

☐
☐
☐
☐
☐
☐
☐

MARDI

30

JUILLET

☐
☐
☐
☐
☐
☐
☐

MERCREDI

31

JUILLET

☐
☐
☐
☐
☐
☐
☐

JEUDI

01

AOÛT

☐
☐
☐
☐
☐
☐
☐

AOÛT 2019

VENDREDI
02
AOÛT

☐
☐
☐
☐
☐
☐
☐

SAMEDI
03
AOÛT

☐
☐
☐
☐
☐
☐
☐

DIMANCHE
04
AOÛT

☐
☐
☐
☐
☐
☐
☐

SEMAINE 32

LUNDI
05
AOÛT

☐

☐

☐

☐

☐

☐

MARDI
06
AOÛT

☐

☐

☐

☐

☐

☐

MERCREDI
07
AOÛT

☐

☐

☐

☐

☐

☐

JEUDI
08
AOÛT

☐

☐

☐

☐

☐

☐

VENDREDI

09

AOÛT

☐
☐
☐
☐
☐
☐
☐

SAMEDI

10

AOÛT

☐
☐
☐
☐
☐
☐
☐

DIMANCHE

11

AOÛT

☐
☐
☐
☐
☐
☐
☐

SEMAINE 33

LUNDI
12
AOÛT

☐
☐
☐
☐
☐
☐
☐

MARDI
13
AOÛT

☐
☐
☐
☐
☐
☐
☐

MERCREDI
14
AOÛT

☐
☐
☐
☐
☐
☐
☐

JEUDI
15
AOÛT

☐
☐
☐
☐
☐
☐
☐

VENDREDI

16
AOÛT

☐
☐
☐
☐
☐
☐
☐
☐

SAMEDI

17
AOÛT

☐
☐
☐
☐
☐
☐
☐
☐

DIMANCHE

18
AOÛT

☐
☐
☐
☐
☐
☐
☐
☐

SEMAINE 34

LUNDI
19
AOÛT

- [ ]
- [ ]
- [ ]
- [ ]
- [ ]
- [ ]
- [ ]

MARDI
20
AOÛT

- [ ]
- [ ]
- [ ]
- [ ]
- [ ]
- [ ]

MERCREDI
21
AOÛT

- [ ]
- [ ]
- [ ]
- [ ]
- [ ]
- [ ]
- [ ]

JEUDI
22
AOÛT

- [ ]
- [ ]
- [ ]
- [ ]
- [ ]
- [ ]

VENDREDI

23
AOÛT

☐
☐
☐
☐
☐
☐
☐

SAMEDI

24
AOÛT

☐
☐
☐
☐
☐
☐
☐

DIMANCHE

25
AOÛT

☐
☐
☐
☐
☐
☐
☐

SEMAINE 35

LUNDI
26
AOÛT

- ☐
- ☐
- ☐
- ☐
- ☐
- ☐

MARDI
27
AOÛT

- ☐
- ☐
- ☐
- ☐
- ☐
- ☐

MERCREDI
28
AOÛT

- ☐
- ☐
- ☐
- ☐
- ☐
- ☐

JEUDI
29
AOÛT

- ☐
- ☐
- ☐
- ☐
- ☐
- ☐

VENDREDI

30

AOÛT

☐
☐
☐
☐
☐
☐
☐

SAMEDI

31

AOÛT

☐
☐
☐
☐
☐
☐
☐

DIMANCHE

01

SEPTEMBRE

☐
☐
☐
☐
☐
☐
☐

AOÛT 2019

LU	MA	ME	JE	VE	SA	DI
			1	2	3	4
5	6	7	8	9	10	11
12	13	14	15	16	17	18
19	20	21	22	23	24	25
26	27	28	29	30	31	

EXAMENS

_____
_____
_____
_____
_____
_____
_____

DATES IMPORTANTES

_____
_____
_____
_____
_____
_____
_____

OCT 2019

LU	MA	ME	JE	VE	SA	DI
	1	2	3	4	5	6
7	8	9	10	11	12	13
14	15	16	17	18	19	20
21	22	23	24	25	26	27
28	29	30	31			

SEPTEMBRE

LUNDI	MARDI	MERCREDI
26	27	28
2	3	4
9	10	11
16	17	18
23	24	25
30	1	2

2019

JEUDI	VENDREDI	SAMEDI	DIMANCHE
29	30	31	1
5	6	7	8
12	13	14	15
19	20	21	22
26	27	28	29
3	4	5	6

SEMAINE 36

LUNDI
02
SEPTEMBRE

- [ ]
- [ ]
- [ ]
- [ ]
- [ ]
- [ ]
- [ ]

MARDI
03
SEPTEMBRE

- [ ]
- [ ]
- [ ]
- [ ]
- [ ]
- [ ]
- [ ]

MERCREDI
04
SEPTEMBRE

- [ ]
- [ ]
- [ ]
- [ ]
- [ ]
- [ ]
- [ ]

JEUDI
05
SEPTEMBRE

- [ ]
- [ ]
- [ ]
- [ ]
- [ ]
- [ ]
- [ ]

VENDREDI

06

SEPTEMBRE

☐
☐
☐
☐
☐
☐
☐

SAMEDI

07

SEPTEMBRE

☐
☐
☐
☐
☐
☐
☐

DIMANCHE

08

SEPTEMBRE

☐
☐
☐
☐
☐
☐
☐

SEMAINE 37

LUNDI
09
SEPTEMBRE

- [ ]
- [ ]
- [ ]
- [ ]
- [ ]
- [ ]
- [ ]

MARDI
10
SEPTEMBRE

- [ ]
- [ ]
- [ ]
- [ ]
- [ ]
- [ ]
- [ ]

MERCREDI
11
SEPTEMBRE

- [ ]
- [ ]
- [ ]
- [ ]
- [ ]
- [ ]
- [ ]

JEUDI
12
SEPTEMBRE

- [ ]
- [ ]
- [ ]
- [ ]
- [ ]
- [ ]
- [ ]

VENDREDI

13

SEPTEMBRE

☐
☐
☐
☐
☐
☐
☐

SAMEDI

14

SEPTEMBRE

☐
☐
☐
☐
☐
☐
☐

DIMANCHE

15

SEPTEMBRE

☐
☐
☐
☐
☐
☐
☐

SEMAINE 38

LUNDI

16
SEPTEMBRE

☐
☐
☐
☐
☐
☐
☐

MARDI

17
SEPTEMBRE

☐
☐
☐
☐
☐
☐

MERCREDI

18
SEPTEMBRE

☐
☐
☐
☐
☐
☐
☐

JEUDI

19
SEPTEMBRE

☐
☐
☐
☐
☐
☐
☐

VENDREDI

20
SEPTEMBRE

SAMEDI

21
SEPTEMBRE

DIMANCHE

22
SEPTEMBRE

LUNDI

23
SEPTEMBRE

- [ ]
- [ ]
- [ ]
- [ ]
- [ ]
- [ ]
- [ ]

MARDI

24
SEPTEMBRE

- [ ]
- [ ]
- [ ]
- [ ]
- [ ]
- [ ]

MERCREDI

25
SEPTEMBRE

- [ ]
- [ ]
- [ ]
- [ ]
- [ ]
- [ ]
- [ ]

JEUDI

26
SEPTEMBRE

- [ ]
- [ ]
- [ ]
- [ ]
- [ ]
- [ ]

VENDREDI

27

SEPTEMBRE

☐
☐
☐
☐
☐
☐
☐

SAMEDI

28

SEPTEMBRE

☐
☐
☐
☐
☐
☐
☐

DIMANCHE

29

SEPTEMBRE

☐
☐
☐
☐
☐
☐
☐

SEPT 2019

LU	MA	ME	JE	VE	SA	DI
						1
2	3	4	5	6	7	8
9	10	11	12	13	14	15
16	17	18	19	20	21	22
23	24	25	26	27	28	29
30						

EXAMENS

DATES IMPORTANTES

NOV 2019

LU	MA	ME	JE	VE	SA	DI
				1	2	3
4	5	6	7	8	9	10
11	12	13	14	15	16	17
18	19	20	21	22	23	24
25	26	27	28	29	30	

OCTOBRE

LUNDI	MARDI	MERCREDI
30	1	2
7	8	9
14	15	16
21	22	23
28	29	30

JEUDI	VENDREDI	SAMEDI	DIMANCHE
3	4	5	6
10	11	12	13
17	18	19	20
24	25	26	27
31	1	2	3

SEMAINE 40

LUNDI
30
SEPTEMBRE

☐
☐
☐
☐
☐
☐
☐

MARDI
01
OCTOBRE

☐
☐
☐
☐
☐
☐
☐

MERCREDI
02
OCTOBRE

☐
☐
☐
☐
☐
☐
☐

JEUDI
03
OCTOBRE

☐
☐
☐
☐
☐
☐
☐

VENDREDI

04
OCTOBRE

- [ ]
- [ ]
- [ ]
- [ ]
- [ ]
- [ ]
- [ ]

SAMEDI

05
OCTOBRE

- [ ]
- [ ]
- [ ]
- [ ]
- [ ]
- [ ]
- [ ]

DIMANCHE

06
OCTOBRE

- [ ]
- [ ]
- [ ]
- [ ]
- [ ]
- [ ]
- [ ]

SEMAINE 41

LUNDI
07
OCTOBRE

☐
☐
☐
☐
☐
☐
☐
☐

MARDI
08
OCTOBRE

☐
☐
☐
☐
☐
☐
☐
☐

MERCREDI
09
OCTOBRE

☐
☐
☐
☐
☐
☐
☐
☐

JEUDI
10
OCTOBRE

☐
☐
☐
☐
☐
☐

OCTOBRE 2019

VENDREDI
11
OCTOBRE

SAMEDI
12
OCTOBRE

DIMANCHE
13
OCTOBRE

SEMAINE 42

LUNDI
14
OCTOBRE

☐
☐
☐
☐
☐
☐
☐

MARDI
15
OCTOBRE

☐
☐
☐
☐
☐
☐

MERCREDI
16
OCTOBRE

☐
☐
☐
☐
☐
☐
☐

JEUDI
17
OCTOBRE

☐
☐
☐
☐
☐
☐
☐

OCTOBRE 2019

VENDREDI
18
OCTOBRE

SAMEDI
19
OCTOBRE

DIMANCHE
20
OCTOBRE

SEMAINE 43

LUNDI

21
OCTOBRE

☐
☐
☐
☐
☐
☐
☐

MARDI

22
OCTOBRE

☐
☐
☐
☐
☐
☐
☐

MERCREDI

23
OCTOBRE

☐
☐
☐
☐
☐
☐
☐

JEUDI

24
OCTOBRE

☐
☐
☐
☐
☐
☐
☐

VENDREDI

25
OCTOBRE

☐
☐
☐
☐
☐
☐
☐

SAMEDI

26
OCTOBRE

☐
☐
☐
☐
☐
☐
☐

DIMANCHE

27
OCTOBRE

☐
☐
☐
☐
☐
☐
☐

SEMAINE 44

LUNDI
28
OCTOBRE

☐
☐
☐
☐
☐
☐
☐

MARDI
29
OCTOBRE

☐
☐
☐
☐
☐
☐

MERCREDI
30
OCTOBRE

☐
☐
☐
☐
☐
☐

JEUDI
31
OCTOBRE

☐
☐
☐
☐
☐
☐
☐

OCTOBRE 2019

VENDREDI

01
NOVEMBRE

☐
☐
☐
☐
☐
☐
☐
☐

SAMEDI

02
NOVEMBRE

☐
☐
☐
☐
☐
☐
☐
☐

DIMANCHE

03
NOVEMBRE

☐
☐
☐
☐
☐
☐
☐
☐

NOVEMBRE

OCT 2019

LU MA ME JE VE SA DI

	1	2	3	4	5	6
7	8	9	10	11	12	13
14	15	16	17	18	19	20
21	22	23	24	25	26	27
28	29	30	31			

EXAMENS

DATES IMPORTANTES

DEC 2019

LU MA ME JE VE SA DI

						1
2	3	4	5	6	7	8
9	10	11	12	13	14	15
16	17	18	19	20	21	22
23	24	25	26	27	28	29
30	31					

LUNDI	MARDI	MERCREDI
28	29	30
4	5	6
11	12	13
18	19	20
25	26	27

JEUDI	VENDREDI	SAMEDI	DIMANCHE
31	1	2	3
7	8	9	10
14	15	16	17
21	22	23	24
28	29	30	1

LUNDI
04
NOVEMBRE

☐
☐
☐
☐
☐
☐

MARDI
05
NOVEMBRE

☐
☐
☐
☐
☐
☐

MERCREDI
06
NOVEMBRE

☐
☐
☐
☐
☐
☐

JEUDI
07
NOVEMBRE

☐
☐
☐
☐
☐
☐

VENDREDI

08
NOVEMBRE

☐
☐
☐
☐
☐
☐
☐

SAMEDI

09
NOVEMBRE

☐
☐
☐
☐
☐
☐
☐

DIMANCHE

10
NOVEMBRE

☐
☐
☐
☐
☐
☐
☐

SEMAINE 46

LUNDI
11
NOVEMBRE

☐
☐
☐
☐
☐
☐
☐
☐

MARDI
12
NOVEMBRE

☐
☐
☐
☐
☐
☐
☐

MERCREDI
13
NOVEMBRE

☐
☐
☐
☐
☐
☐
☐

JEUDI
14
NOVEMBRE

☐
☐
☐
☐
☐
☐
☐

NOVEMBRE 2019

VENDREDI

15

NOVEMBRE

SAMEDI

16

NOVEMBRE

DIMANCHE

17

NOVEMBRE

SEMAINE 47

LUNDI
18
NOVEMBRE

- [ ]
- [ ]
- [ ]
- [ ]
- [ ]
- [ ]
- [ ]

MARDI
19
NOVEMBRE

- [ ]
- [ ]
- [ ]
- [ ]
- [ ]
- [ ]

MERCREDI
20
NOVEMBRE

- [ ]
- [ ]
- [ ]
- [ ]
- [ ]
- [ ]
- [ ]

JEUDI
21
NOVEMBRE

- [ ]
- [ ]
- [ ]
- [ ]
- [ ]
- [ ]
- [ ]

VENDREDI

22
NOVEMBRE

- [ ]
- [ ]
- [ ]
- [ ]
- [ ]
- [ ]
- [ ]

SAMEDI

23
NOVEMBRE

- [ ]
- [ ]
- [ ]
- [ ]
- [ ]
- [ ]
- [ ]

DIMANCHE

24
NOVEMBRE

- [ ]
- [ ]
- [ ]
- [ ]
- [ ]
- [ ]
- [ ]

LUNDI
25
NOVEMBRE

- [ ]
- [ ]
- [ ]
- [ ]
- [ ]
- [ ]
- [ ]

MARDI
26
NOVEMBRE

- [ ]
- [ ]
- [ ]
- [ ]
- [ ]
- [ ]
- [ ]

MERCREDI
27
NOVEMBRE

- [ ]
- [ ]
- [ ]
- [ ]
- [ ]
- [ ]
- [ ]

JEUDI
28
NOVEMBRE

- [ ]
- [ ]
- [ ]
- [ ]
- [ ]
- [ ]
- [ ]

NOVEMBRE 2019

VENDREDI
29
NOVEMBRE

☐
☐
☐
☐
☐
☐
☐

SAMEDI
30
NOVEMBRE

☐
☐
☐
☐
☐
☐
☐

DIMANCHE
01
DÉCEMBRE

☐
☐
☐
☐
☐
☐
☐

DECEMBRE

NOV 2019

LU MA ME JE VE SA DI

				1	2	3
4	5	6	7	8	9	10
11	12	13	14	15	16	17
18	19	20	21	22	23	24
25	26	27	28	29	30	

EXAMENS

_____

_____

_____

_____

_____

_____

_____

_____

_____

DATES IMPORTANTES

_____

_____

_____

_____

_____

_____

_____

JAN 2020

LU MA ME JE VE SA DI

		1	2	3	4	5
6	7	8	9	10	11	12
13	14	15	16	17	18	19
20	21	22	23	24	25	26
27	28	29	30	31		

LUNDI	MARDI	MERCREDI
25	26	27
2	3	4
9	10	11
16	17	18
23	24	25
30	31	1

2019

JEUDI	VENDREDI	SAMEDI	DIMANCHE
28	29	30	1
5	6	7	8
12	13	14	15
19	20	21	22
26	27	28	29
2	3	4	5

SEMAINE 49

LUNDI

02
DÉCEMBRE

MARDI

03
DÉCEMBRE

MERCREDI

04
DÉCEMBRE

JEUDI

05
DÉCEMBRE

DÉCEMBRE 2019

VENDREDI
06
DÉCEMBRE

☐
☐
☐
☐
☐
☐
☐

SAMEDI
07
DÉCEMBRE

☐
☐
☐
☐
☐
☐
☐

DIMANCHE
08
DÉCEMBRE

☐
☐
☐
☐
☐
☐
☐

SEMAINE 50

LUNDI
09
DÉCEMBRE

☐
☐
☐
☐
☐
☐

MARDI
10
DÉCEMBRE

☐
☐
☐
☐
☐
☐

MERCREDI
11
DÉCEMBRE

☐
☐
☐
☐
☐
☐

JEUDI
12
DÉCEMBRE

☐
☐
☐
☐
☐
☐

VENDREDI

13

DÉCEMBRE

☐
☐
☐
☐
☐
☐
☐

SAMEDI

14

DÉCEMBRE

☐
☐
☐
☐
☐
☐
☐

DIMANCHE

15

DÉCEMBRE

☐
☐
☐
☐
☐
☐
☐

SEMAINE 51

LUNDI
16
DÉCEMBRE

☐

MARDI
17
DÉCEMBRE

☐

MERCREDI
18
DÉCEMBRE

☐

JEUDI
19
DÉCEMBRE

☐

VENDREDI

20

DÉCEMBRE

SAMEDI

21

DÉCEMBRE

DIMANCHE

22

DÉCEMBRE

LUNDI
23
DÉCEMBRE

MARDI
24
DÉCEMBRE

MERCREDI
25
DÉCEMBRE

JEUDI
26
DÉCEMBRE

VENDREDI

27

DÉCEMBRE

☐
☐
☐
☐
☐
☐
☐

SAMEDI

28

DÉCEMBRE

☐
☐
☐
☐
☐
☐
☐

DIMANCHE

29

DÉCEMBRE

☐
☐
☐
☐
☐
☐
☐

DÉC 2019

LU	MA	ME	JE	VE	SA	DI
						1
2	3	4	5	6	7	8
9	10	11	12	13	14	15
16	17	18	19	20	21	22
23	24	25	26	27	28	29
30	31					

EXAMENS

DATES IMPORTANTES

FÉV 2020

LU	MA	ME	JE	VE	SA	DI
					1	2
3	4	5	6	7	8	9
10	11	12	13	14	15	16
17	18	19	20	21	22	23
24	25	26	27	28	29	

JANVIER

LUNDI	MARDI	MERCREDI
30	31	1
6	7	8
13	14	15
20	21	22
27	28	29

2020

JEUDI	VENDREDI	SAMEDI	DIMANCHE
2	3	4	5
9	10	11	12
16	17	18	19
23	24	25	26
30	31	1	2

SEMAINE 01

LUNDI
30
DÉCEMBRE

MARDI
31
DÉCEMBRE

MERCREDI
01
JANVIER

JEUDI
02
JANVIER

DÉCEMBRE 2019 - JANVIER 2020

VENDREDI

03
JANVIER

SAMEDI

04
JANVIER

DIMANCHE

05
JANVIER

SEMAINE 02

LUNDI

06

JANVIER

- [ ]
- [ ]
- [ ]
- [ ]
- [ ]
- [ ]
- [ ]

MARDI

07

JANVIER

- [ ]
- [ ]
- [ ]
- [ ]
- [ ]
- [ ]
- [ ]

MERCREDI

08

JANVIER

- [ ]
- [ ]
- [ ]
- [ ]
- [ ]
- [ ]
- [ ]

JEUDI

9

JANVIER

- [ ]
- [ ]
- [ ]
- [ ]
- [ ]
- [ ]
- [ ]

VENDREDI

10
JANVIER

- [ ]
- [ ]
- [ ]
- [ ]
- [ ]
- [ ]
- [ ]

SAMEDI

11
JANVIER

- [ ]
- [ ]
- [ ]
- [ ]
- [ ]
- [ ]
- [ ]

DIMANCHE

12
JANVIER

- [ ]
- [ ]
- [ ]
- [ ]
- [ ]
- [ ]
- [ ]

SEMAINE 03

LUNDI
13
JANVIER

☐
☐
☐
☐
☐
☐
☐

MARDI
14
JANVIER

☐
☐
☐
☐
☐
☐
☐

MERCREDI
15
JANVIER

☐
☐
☐
☐
☐
☐
☐

JEUDI
16
JANVIER

☐
☐
☐
☐
☐
☐
☐

VENDREDI

17
JANVIER

☐
☐
☐
☐
☐
☐
☐

SAMEDI

18
JANVIER

☐
☐
☐
☐
☐
☐
☐

DIMANCHE

19
JANVIER

☐
☐
☐
☐
☐
☐
☐

LUNDI

20

JANVIER

MARDI

21

JANVIER

MERCREDI

22

JANVIER

JEUDI

23

JANVIER

JANVIER 2020

VENDREDI
24
JANVIER

- [ ]
- [ ]
- [ ]
- [ ]
- [ ]
- [ ]
- [ ]

SAMEDI
25
JANVIER

- [ ]
- [ ]
- [ ]
- [ ]
- [ ]
- [ ]
- [ ]

DIMANCHE
26
JANVIER

- [ ]
- [ ]
- [ ]
- [ ]
- [ ]
- [ ]
- [ ]

LUNDI
27
JANVIER

MARDI
28
JANVIER

MERCREDI
29
JANVIER

JEUDI
30
JANVIER

VENDREDI

31

JANVIER

SAMEDI

01

FÉVRIER

DIMANCHE

02

FÉVRIER

JAN 2020

LU	MA	ME	JE	VE	SA	DI
		1	2	3	4	5
6	7	8	9	10	11	12
13	14	15	16	17	18	19
20	21	22	23	24	25	26
27	28	29	30	31		

EXAMENS

_____

_____

_____

_____

_____

_____

_____

_____

DATES IMPORTANTES

_____

_____

_____

_____

_____

_____

_____

MAR 2020

LU	MA	ME	JE	VE	SA	DI
						1
2	3	4	5	6	7	8
9	10	11	12	13	14	15
16	17	18	19	20	21	22
23	24	25	26	27	28	29
30	31					

FÉVRIER

LUNDI	MARDI	MERCREDI
26	27	28
3	4	5
10	11	12
17	18	19
24	25	26

2020

JEUDI	VENDREDI	SAMEDI	DIMANCHE
29	30	1	2
6	7	8	9
13	14	15	16
20	21	22	23
27	28	29	1

SEMAINE 06

LUNDI
03
FÉVRIER

☐
☐
☐
☐
☐
☐
☐

MARDI
04
FÉVRIER

☐
☐
☐
☐
☐
☐
☐

MERCREDI
05
FÉVRIER

☐
☐
☐
☐
☐
☐
☐

JEUDI
06
FÉVRIER

☐
☐
☐
☐
☐
☐
☐

VENDREDI
07
FÉVRIER

☐
☐
☐
☐
☐
☐
☐
☐

SAMEDI
08
FÉVRIER

☐
☐
☐
☐
☐
☐
☐

DIMANCHE
09
FÉVRIER

☐
☐
☐
☐
☐
☐
☐

LUNDI

10

FÉVRIER

☐
☐
☐
☐
☐
☐
☐

MARDI

11

FÉVRIER

☐
☐
☐
☐
☐
☐
☐

MERCREDI

12

FÉVRIER

☐
☐
☐
☐
☐
☐
☐

JEUDI

13

FÉVRIER

☐
☐
☐
☐
☐
☐
☐

VENDREDI

14

FÉVRIER

☐
☐
☐
☐
☐
☐
☐

SAMEDI

15

FÉVRIER

☐
☐
☐
☐
☐
☐
☐

DIMANCHE

16

FÉVRIER

☐
☐
☐
☐
☐
☐
☐

SEMAINE 08

LUNDI

17
FÉVRIER

☐
☐
☐
☐
☐
☐
☐

MARDI

18
FÉVRIER

☐
☐
☐
☐
☐
☐
☐

MERCREDI

19
FÉVRIER

☐
☐
☐
☐
☐
☐
☐

JEUDI

20
FÉVRIER

☐
☐
☐
☐
☐
☐
☐

VENDREDI

21
FÉVRIER

SAMEDI

22
FÉVRIER

DIMANCHE

23
FÉVRIER

LUNDI
24
FÉVRIER

- [ ]
- [ ]
- [ ]
- [ ]
- [ ]
- [ ]
- [ ]

MARDI
25
FÉVRIER

- [ ]
- [ ]
- [ ]
- [ ]
- [ ]
- [ ]

MERCREDI
26
FÉVRIER

- [ ]
- [ ]
- [ ]
- [ ]
- [ ]
- [ ]
- [ ]

JEUDI
27
FÉVRIER

- [ ]
- [ ]
- [ ]
- [ ]
- [ ]
- [ ]

FÉVRIER 2020

VENDREDI
28
FÉVRIER

- [ ]
- [ ]
- [ ]
- [ ]
- [ ]
- [ ]
- [ ]

SAMEDI
29
FÉVRIER

- [ ]
- [ ]
- [ ]
- [ ]
- [ ]
- [ ]
- [ ]

DIMANCHE
01
MARS

- [ ]
- [ ]
- [ ]
- [ ]
- [ ]
- [ ]
- [ ]

FÉV 2020
LU MA ME JE VE SA DI

					1	2
3	4	5	6	7	8	9
10	11	12	13	14	15	16
17	18	19	20	21	22	23
24	25	26	27	28	29	

EXAMENS

_____
_____
_____
_____
_____
_____
_____
_____

DATES IMPORTANTES

_____
_____
_____
_____
_____
_____
_____

AVR 2020
LU MA ME JE VE SA DI

				1	2	3	4	5
6	7	8	9	10	11	12
13	14	15	16	17	18	19
20	21	22	23	24	25	26
27	28	29	30			

MARS

LUNDI	MARDI	MERCREDI
24	25	26
2	3	4
9	10	11
16	17	18
23	24	25
30	31	

JEUDI	VENDREDI	SAMEDI	DIMANCHE
27	28	29	1
5	6	7	8
12	13	14	15
19	20	21	22
26	27	28	29

SEMAINE 10

LUNDI
02
MARS

☐
☐
☐
☐
☐
☐
☐

MARDI
03
MARS

☐
☐
☐
☐
☐
☐
☐

MERCREDI
04
MARS

☐
☐
☐
☐
☐
☐
☐

JEUDI
05
MARS

☐
☐
☐
☐
☐
☐
☐

VENDREDI

06
MARS

☐
☐
☐
☐
☐
☐
☐

SAMEDI

07
MARS

☐
☐
☐
☐
☐
☐
☐

DIMANCHE

08
MARS

☐
☐
☐
☐
☐
☐
☐

SEMAINE 11

LUNDI
09
MARS

- [ ]
- [ ]
- [ ]
- [ ]
- [ ]
- [ ]
- [ ]

MARDI
10
MARS

- [ ]
- [ ]
- [ ]
- [ ]
- [ ]
- [ ]
- [ ]

MERCREDI
11
MARS

- [ ]
- [ ]
- [ ]
- [ ]
- [ ]
- [ ]
- [ ]

JEUDI
12
MARS

- [ ]
- [ ]
- [ ]
- [ ]
- [ ]
- [ ]
- [ ]

MARS 2020

VENDREDI
13
MARS

☐
☐
☐
☐
☐
☐
☐

SAMEDI
14
MARS

☐
☐
☐
☐
☐
☐
☐

DIMANCHE
15
MARS

☐
☐
☐
☐
☐
☐
☐

SEMAINE 12

LUNDI
16
MARS

☐
☐
☐
☐
☐
☐
☐

MARDI
17
MARS

☐
☐
☐
☐
☐
☐
☐

MERCREDI
18
MARS

☐
☐
☐
☐
☐
☐
☐

JEUDI
19
MARS

☐
☐
☐
☐
☐
☐

VENDREDI

20
MARS

☐
☐
☐
☐
☐
☐
☐

SAMEDI

21
MARS

☐
☐
☐
☐
☐
☐
☐

DIMANCHE

22
MARS

☐
☐
☐
☐
☐
☐
☐

SEMAINE 13

LUNDI
23
MARS

☐
☐
☐
☐
☐
☐
☐

MARDI
24
MARS

☐
☐
☐
☐
☐
☐
☐

MERCREDI
25
MARS

☐
☐
☐
☐
☐
☐
☐

JEUDI
26
MARS

☐
☐
☐
☐
☐
☐
☐

VENDREDI

27
MARS

SAMEDI

28
MARS

DIMANCHE

29
MARS

EXAMENS

_____
_____
_____
_____
_____
_____
_____
_____
_____

DATES IMPORTANTES

_____
_____
_____
_____
_____
_____
_____

AVRIL

LUNDI	MARDI	MERCREDI
30	31	1
6	7	8
13	14	15
20	21	22
27	28	29

2020

JEUDI	VENDREDI	SAMEDI	DIMANCHE
2	3	4	5
9	10	11	12
16	17	18	19
23	24	25	26
30	1	2	3

SEMAINE 14

LUNDI
30
AVRIL

- [ ]
- [ ]
- [ ]
- [ ]
- [ ]
- [ ]
- [ ]

MARDI
31
AVRIL

- [ ]
- [ ]
- [ ]
- [ ]
- [ ]
- [ ]
- [ ]

MERCREDI
01
AVRIL

- [ ]
- [ ]
- [ ]
- [ ]
- [ ]
- [ ]
- [ ]

JEUDI
02
AVRIL

- [ ]
- [ ]
- [ ]
- [ ]
- [ ]
- [ ]
- [ ]

VENDREDI

03
AVRIL

☐
☐
☐
☐
☐
☐
☐
☐

SAMEDI

04
AVRIL

☐
☐
☐
☐
☐
☐
☐
☐

DIMANCHE

05
AVRIL

☐
☐
☐
☐
☐
☐
☐
☐

SEMAINE 15

LUNDI
06
AVRIL

MARDI
07
AVRIL

MERCREDI
08
AVRIL

JEUDI
09
AVRIL

AVRIL 2020

VENDREDI

10
AVRIL

SAMEDI

11
AVRIL

DIMANCHE

12
AVRIL

SEMAINE 16

LUNDI
13
AVRIL

☐
☐
☐
☐
☐
☐
☐

MARDI
14
AVRIL

☐
☐
☐
☐
☐
☐
☐

MERCREDI
15
AVRIL

☐
☐
☐
☐
☐
☐
☐

JEUDI
16
AVRIL

☐
☐
☐
☐
☐
☐
☐

VENDREDI

17
AVRIL

☐
☐
☐
☐
☐
☐
☐

SAMEDI

18
AVRIL

☐
☐
☐
☐
☐
☐
☐

DIMANCHE

19
AVRIL

☐
☐
☐
☐
☐
☐
☐

SEMAINE 17

LUNDI
20
AVRIL

☐
☐
☐
☐
☐
☐
☐

MARDI
21
AVRIL

☐
☐
☐
☐
☐
☐
☐

MERCREDI
22
AVRIL

☐
☐
☐
☐
☐
☐
☐

JEUDI
23
AVRIL

☐
☐
☐
☐
☐
☐
☐

VENDREDI
24
AVRIL

SAMEDI
25
AVRIL

DIMANCHE
26
AVRIL

SEMAINE 18

LUNDI
27
AVRIL

MARDI
28
AVRIL

MERCREDI
29
AVRIL

JEUDI
30
AVRIL

VENDREDI
01
MAI

☐
☐
☐
☐
☐
☐
☐

SAMEDI
02
MAI

☐
☐
☐
☐
☐
☐
☐

DIMANCHE
03
MAI

☐
☐
☐
☐
☐
☐
☐

AVR 2020

LU MA ME JE VE SA DI

				1	2	3	4	5
6	7	8	9	10	11	12
13	14	15	16	17	18	19
20	21	22	23	24	25	26
27	28	29	30

EXAMENS

_____
_____
_____
_____
_____
_____
_____
_____
_____
_____

DATES IMPORTANTES

_____
_____
_____
_____
_____
_____
_____

JUIN 2020

LU MA ME JE VE SA DI

1	2	3	4	5	6	7
8	9	10	11	12	13	14
15	16	17	18	19	20	21
22	23	24	25	26	27	28
29	30

MAI

LUNDI	MARDI	MERCREDI
27	28	29
4	5	6
11	12	13
18	19	20
25	26	27

2020

JEUDI	VENDREDI	SAMEDI	DIMANCHE
30	1	2	3
7	8	9	10
14	15	16	17
21	22	23	24
28	29	30	31

SEMAINE 19

LUNDI
04
MAI

MARDI
05
MAI

MERCREDI
06
MAI

JEUDI
07
MAI

VENDREDI
08
MAI

☐
☐
☐
☐
☐
☐
☐

SAMEDI
09
MAI

☐
☐
☐
☐
☐
☐
☐

DIMANCHE
10
MAI

☐
☐
☐
☐
☐
☐
☐

LUNDI

11
MAI

MARDI

12
MAI

MERCREDI

13
MAI

JEUDI

14
MAI

VENDREDI

15

MAI

SAMEDI

16

MAI

DIMANCHE

17

MAI

LUNDI
18
MAI

MARDI
19
MAI

MERCREDI
20
MAI

JEUDI
21
MAI

MAI 2020

VENDREDI
22
MAI

- [ ]
- [ ]
- [ ]
- [ ]
- [ ]
- [ ]
- [ ]

SAMEDI
23
MAI

- [ ]
- [ ]
- [ ]
- [ ]
- [ ]
- [ ]
- [ ]

DIMANCHE
24
MAI

- [ ]
- [ ]
- [ ]
- [ ]
- [ ]
- [ ]
- [ ]

SEMAINE 22

LUNDI
25
MAI

- ☐
- ☐
- ☐
- ☐
- ☐
- ☐
- ☐

MARDI
26
MAI

- ☐
- ☐
- ☐
- ☐
- ☐
- ☐
- ☐

MERCREDI
27
MAI

- ☐
- ☐
- ☐
- ☐
- ☐
- ☐
- ☐

JEUDI
28
MAI

- ☐
- ☐
- ☐
- ☐
- ☐
- ☐
- ☐

VENDREDI

29
MAI

☐
☐
☐
☐
☐
☐
☐

SAMEDI

30
MAI

☐
☐
☐
☐
☐
☐
☐

DIMANCHE

31
MAI

☐
☐
☐
☐
☐
☐
☐

EXAMENS

_____
_____
_____
_____
_____
_____
_____
_____

DATES IMPORTANTES

_____
_____
_____
_____
_____
_____
_____

JUIN

LUNDI	MARDI	MERCREDI
1	2	3
8	9	10
15	16	17
22	23	24
29	30	1

2020

JEUDI	VENDREDI	SAMEDI	DIMANCHE
4	5	6	7
11	12	13	14
18	19	20	21
25	26	27	28
2	3	4	5

SEMAINE 23

LUNDI
01
JUIN

☐
☐
☐
☐
☐
☐
☐
☐

MARDI
02
JUIN

☐
☐
☐
☐
☐
☐

MERCREDI
03
JUIN

☐
☐
☐
☐
☐
☐
☐

JEUDI
04
JUIN

☐
☐
☐
☐
☐
☐

JUIN 2020

VENDREDI
05
JUIN

☐
☐
☐
☐
☐
☐
☐

SAMEDI
06
JUIN

☐
☐
☐
☐
☐
☐
☐

DIMANCHE
07
JUIN

☐
☐
☐
☐
☐
☐
☐

LUNDI
08
JUIN

☐
☐
☐
☐
☐
☐

MARDI
09
JUIN

☐
☐
☐
☐
☐
☐

MERCREDI
10
JUIN

☐
☐
☐
☐
☐
☐

JEUDI
11
JUIN

☐
☐
☐
☐
☐
☐

JUIN 2020

VENDREDI
12
JUIN

- [ ]
- [ ]
- [ ]
- [ ]
- [ ]
- [ ]
- [ ]

SAMEDI
13
JUIN

- [ ]
- [ ]
- [ ]
- [ ]
- [ ]
- [ ]
- [ ]

DIMANCHE
14
JUIN

- [ ]
- [ ]
- [ ]
- [ ]
- [ ]
- [ ]
- [ ]

SEMAINE 25

LUNDI
15
JUIN

☐
☐
☐
☐
☐
☐

MARDI
16
JUIN

☐
☐
☐
☐
☐
☐

MERCREDI
17
JUIN

☐
☐
☐
☐
☐
☐

JEUDI
18
JUIN

☐
☐
☐
☐
☐
☐

VENDREDI

19
JUIN

☐
☐
☐
☐
☐
☐
☐
☐

SAMEDI

20
JUIN

☐
☐
☐
☐
☐
☐
☐
☐

DIMANCHE

21
JUIN

☐
☐
☐
☐
☐
☐
☐
☐

LUNDI
22
JUIN

MARDI
23
JUIN

MERCREDI
24
JUIN

JEUDI
25
JUIN

VENDREDI

26
JUIN

☐
☐
☐
☐
☐
☐
☐
☐

SAMEDI

27
JUIN

☐
☐
☐
☐
☐
☐
☐

DIMANCHE

28
JUIN

☐
☐
☐
☐
☐
☐
☐

SEMAINE 27

LUNDI
29
JUIN

MARDI
30
JUIN

MERCREDI
01
JUILLET

JEUDI
02
JUILLET

VENDREDI

03

JUILLET

☐
☐
☐
☐
☐
☐
☐
☐

SAMEDI

04

JUILLET

☐
☐
☐
☐
☐
☐
☐
☐

DIMANCHE

05

JUILLET

☐
☐
☐
☐
☐
☐
☐
☐

JUIN 2020

LU MA ME JE VE SA DI

1	2	3	4	5	6	7
8	9	10	11	12	13	14
15	16	17	18	19	20	21
22	23	24	25	26	27	28
29	30					

EXAMENS

_____
_____
_____
_____
_____
_____
_____
_____
_____
_____

DATES IMPORTANTES

_____
_____
_____
_____
_____
_____

AOÛT 2020

LU MA ME JE VE SA DI

					1	2
3	4	5	6	7	8	9
10	11	12	13	14	15	16
17	18	19	20	21	22	23
24	25	26	27	28	29	30
31						

JUILLET

LUNDI	MARDI	MERCREDI
29	30	1
6	7	8
13	14	15
20	21	22
27	28	29

2020

JEUDI	VENDREDI	SAMEDI	DIMANCHE
2	3	4	5
9	10	11	12
16	17	18	19
23	24	25	26
30	31	1	2

SEMAINE 28

LUNDI
06
JUILLET

☐
☐
☐
☐
☐
☐
☐
☐

MARDI
07
JUILLET

☐
☐
☐
☐
☐
☐
☐
☐

MERCREDI
08
JUILLET

☐
☐
☐
☐
☐
☐
☐
☐

JEUDI
09
JUILLET

☐
☐
☐
☐
☐
☐
☐
☐

VENDREDI

10
JUILLET

- ☐
- ☐
- ☐
- ☐
- ☐
- ☐
- ☐

SAMEDI

11
JUILLET

- ☐
- ☐
- ☐
- ☐
- ☐
- ☐

DIMANCHE

12
JUILLET

- ☐
- ☐
- ☐
- ☐
- ☐
- ☐
- ☐

SEMAINE 29

LUNDI
13
JUILLET

MARDI
14
JUILLET

MERCREDI
15
JUILLET

JEUDI
16
JUILLET

VENDREDI

17
JUILLET

☐
☐
☐
☐
☐
☐
☐

SAMEDI

18
JUILLET

☐
☐
☐
☐
☐
☐

DIMANCHE

19
JUILLET

☐
☐
☐
☐
☐
☐
☐

LUNDI
20
JUILLET

- [ ]
- [ ]
- [ ]
- [ ]
- [ ]
- [ ]

MARDI
21
JUILLET

- [ ]
- [ ]
- [ ]
- [ ]
- [ ]
- [ ]

MERCREDI
22
JUILLET

- [ ]
- [ ]
- [ ]
- [ ]
- [ ]
- [ ]

JEUDI
23
JUILLET

- [ ]
- [ ]
- [ ]
- [ ]
- [ ]
- [ ]

VENDREDI

24
JUILLET

☐
☐
☐
☐
☐
☐
☐

SAMEDI

25
JUILLET

☐
☐
☐
☐
☐
☐
☐

DIMANCHE

26
JUILLET

☐
☐
☐
☐
☐
☐
☐

LUNDI
27
JUILLET

MARDI
28
JUILLET

MERCREDI
29
JUILLET

JEUDI
30
JUILLET

JUILLET 2020

VENDREDI

31
AOÛT

☐
☐
☐
☐
☐
☐
☐
☐

SAMEDI

01
AOÛT

☐
☐
☐
☐
☐
☐
☐
☐

DIMANCHE

02
AOÛT

☐
☐
☐
☐
☐
☐
☐
☐

EXAMENS

DATES IMPORTANTES

AOÛT

LUNDI	MARDI	MERCREDI
26	27	28
3	4	5
10	11	12
17	18	19
24	25	26
31		

2020

JEUDI	VENDREDI	SAMEDI	DIMANCHE
29	31	1	2
6	7	8	9
13	14	15	16
20	21	22	23
27	28	29	30

SEMAINE 32

LUNDI
03
AOÛT

MARDI
04
AOÛT

MERCREDI
05
AOÛT

JEUDI
06
AOÛT

VENDREDI

07

AOÛT

☐
☐
☐
☐
☐
☐
☐

SAMEDI

08

AOÛT

☐
☐
☐
☐
☐
☐
☐

DIMANCHE

09

AOÛT

☐
☐
☐
☐
☐
☐
☐

SEMAINE 33

LUNDI
10
AOÛT

☐
☐
☐
☐
☐
☐
☐
☐

MARDI
11
AOÛT

☐
☐
☐
☐
☐
☐
☐
☐

MERCREDI
12
AOÛT

☐
☐
☐
☐
☐
☐
☐
☐

JEUDI
13
AOÛT

☐
☐
☐
☐
☐
☐
☐
☐

AOÛT 2020

VENDREDI

14
AOÛT

☐
☐
☐
☐
☐
☐
☐

SAMEDI

15
AOÛT

☐
☐
☐
☐
☐
☐

DIMANCHE

16
AOÛT

☐
☐
☐
☐
☐
☐
☐

SEMAINE 34

LUNDI

17
AOÛT

☐
☐
☐
☐
☐
☐
☐

MARDI

18
AOÛT

☐
☐
☐
☐
☐
☐
☐

MERCREDI

19
AOÛT

☐
☐
☐
☐
☐
☐
☐

JEUDI

20
AOÛT

☐
☐
☐
☐
☐
☐
☐

VENDREDI

21
AOÛT

☐
☐
☐
☐
☐
☐
☐

SAMEDI

22
AOÛT

☐
☐
☐
☐
☐
☐
☐

DIMANCHE

23
AOÛT

☐
☐
☐
☐
☐
☐
☐

LUNDI

24
AOÛT

MARDI

25
AOÛT

MERCREDI

26
AOÛT

JEUDI

27
AOÛT

VENDREDI

28

AOÛT

☐
☐
☐
☐
☐
☐
☐

SAMEDI

29

AOÛT

☐
☐
☐
☐
☐
☐
☐

DIMANCHE

30

AOÛT

☐
☐
☐
☐
☐
☐

SEMAINE 34

LUNDI
31
AOÛT

☐
☐
☐
☐
☐
☐
☐

MARDI
01
SEPTEMBRE

☐
☐
☐
☐
☐
☐
☐

MERCREDI
02
SEPTEMBRE

☐
☐
☐
☐
☐
☐
☐

JEUDI
03
SEPTEMBRE

☐
☐
☐
☐
☐
☐
☐

VENDREDI

04

SEPTEMBRE

☐
☐
☐
☐
☐
☐
☐
☐

SAMEDI

05

SEPTEMBRE

☐
☐
☐
☐
☐
☐
☐

DIMANCHE

06

SEPTEMBRE

☐
☐
☐
☐
☐
☐
☐

JAN 2021

LU	MA	ME	JE	VE	SA	DI
				1	2	3
4	5	6	7	8	9	10
11	12	13	14	15	16	17
18	19	20	21	22	23	24

FÉV 2021

LU	MA	ME	JE	VE	SA	DI
1	2	3	4	5	6	7
8	9	10	11	12	13	14
15	16	17	18	19	20	21
22	23	24	25	26	27	28

MAR 2021

LU	MA	ME	JE	VE	SA	DI
1	2	3	4	5	6	7
8	9	10	11	12	13	14
15	16	17	18	19	20	21
22	23	24	25	26	27	28
29	30	31				

AVR 2021

LU	MA	ME	JE	VE	SA	DI
			1	2	3	4
5	6	7	8	9	10	11
12	13	14	15	16	17	18
19	20	21	22	23	24	25
26	27	28	29	30		

MAI 2021

LU	MA	ME	JE	VE	SA	DI
					1	2
3	4	5	6	7	8	9
10	11	12	13	14	15	16
17	18	19	20	21	22	23
24	25	26	27	28	29	30
31						

JUIN 2021

LU	MA	ME	JE	VE	SA	DI
	1	2	3	4	5	6
7	8	9	10	11	12	13
14	15	16	17	18	19	20
21	22	23	24	25	26	27
28	29	30				

JUIL 2021

LU	MA	ME	JE	VE	SA	DI
			1	2	3	4
5	6	7	8	9	10	11
12	13	14	15	16	17	18
19	20	21	22	23	24	25
26	27	28	29	30	31	

AOÛT 2021

LU	MA	ME	JE	VE	SA	DI
						1
2	3	4	5	6	7	8
9	10	11	12	13	14	15
16	17	18	19	20	21	22
23	24	25	26	27	28	29
30	31					

SEP 2021

LU	MA	ME	JE	VE	SA	DI
		1	2	3	4	5
6	7	8	9	10	11	12
13	14	15	16	17	18	19
20	21	22	23	24	25	26
27	28	29	30			

OCT 2021

LU	MA	ME	JE	VE	SA	DI
				1	2	3
4	5	6	7	8	9	10
11	12	13	14	15	16	17
18	19	20	21	22	23	24
25	26	27	28	29	30	31

NOV 2021

LU	MA	ME	JE	VE	SA	DI
1	2	3	4	5	6	7
8	9	10	11	12	13	14
15	16	17	18	19	20	21
22	23	24	25	26	27	28
29	30					

DÉC 2021

LU	MA	ME	JE	VE	SA	DI
		1	2	3	4	5
6	7	8	9	10	11	12
13	14	15	16	17	18	19
20	21	22	23	24	25	26
27	28	29	30	31		

Impressum

Feedback:
feedback@mertens-publication.de

Edition : Books on Demand,
12/14 rond-Point des Champs-Elysées, 75008 Paris
Impression : BoD - Books on Demand, Norderstedt, Allemagne
ISBN :
9782322126620

Mertens Ventures Ltd.
Tefkrou Anthia No 2 Office 301
6045 Larnaca
Zypern
E-Mail: kontakt@mertens-publication.de

Dépôt légal : juillet 2019